¡Cosas que andan!

James Buckley, Jr.

SCHOLASTIC INC.

Originally published in English as *Things That Go!*

Copyright © 2013 by Scholastic Inc.
Translation copyright © 2014 by Scholastic Inc.

ISBN 978-0-545-62819-8

12 11 10 9 8 7 6 5 4 3   15 16 17 18 19/0

Printed in the U.S.A.   40
First Spanish edition, January 2014

Scholastic hace esfuerzos constantes por reducir el impacto ecológico de nuestros procesos de manufactura. Para ver nuestras normas para la obtención de papel, visite www.scholastic.com/paperpolicy.

¡Lee más! ¡Haz más!

Descarga gratis el nuevo libro digital
¡Cosas que andan! Lectura y diversión

Pruebas para comprobar tus conocimientos y destrezas de lectura

Divertidas actividades para demostrar lo que has aprendido

Visita el sitio
www.scholastic.com/discovermore/readers
Escribe este código: L1SPC6HCG241

3

Párate.

Vete al otro lado de la habitación.

¿Cómo llegaste allí?

¡Caminando!

La gente también se traslada en máquinas como...

autos, aviones, barcos y más. ¡Aquí te presentamos muchas cosas que andan!

Las primeras bicicletas eran incómodas y muy altas. ¡Los ciclistas a veces se caían!

¡Cuidado! Ponte el casco cada vez que montes en bicicleta.

Casco

Manubrio

Freno

Pedal

Ahora los ciclistas
pueden ir a 50 millas
por hora sin correr
mucho peligro.

Los primeros autos no tenían techo ni ventanillas.

Autos de Estados Unidos

1912 1930 1956

Las carreteras eran polvorientas. Los choferes usaban guantes y gafas protectoras.

PALABRAS NUEVAS

gafas protectoras

Los choferes usaban **gafas protectoras** para que no les cayera polvo en los ojos.

LÉELAS EN VOZ ALTA

CR-468

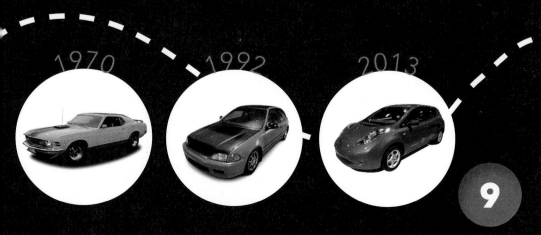

1970   1992   2013

En las carreras, los autos y los choferes tienen que demostrar su calidad.

¡Cuidado con las curvas! ¡No te salgas de la pista!

Autos de carrera

stock

Indy

pique

rally

Antiguamente, los caballos tiraban de los vagones.

Luego se inventó el motor. Los camiones llevaban las cargas por las carreteras.

Los camiones actuales pueden acarrear mucha más carga.

PALABRA NUEVA

acarrear
Cuanto más grande es el camión, más carga puede **acarrear**.

DILA EN VOZ ALTA

Un motor más dos ruedas es igual a una motocicleta.

Motor

Pedal

El motociclista gira el manubrio para acelerar el motor.

Manubrio

Bubba Stewart ganó su primer campeonato cuando tenía seis años. Es uno de los mejores pilotos de motocross de la historia.

¡TÚ SÍ PUEDES!

Algunas motos tienen pedales para cambiar la velocidad y frenar.

15

Antes los trenes funcionaban quemando carbón.

Hoy en día funcionan con distintos tipos de energía.

Los trenes de alta velocidad funcionan con gasolina, electricidad o imanes.

chu-chu-a
chu-chu-a

chu
chu

Tren de
vapor

Tren
eléctrico

17

Muchas personas usan el transporte público.

Londres
El primero (1863)

Pekín
El más largo (274 millas)

Boston
El primero en EE.UU. (1897)

Tokio
Más pasajeros (3.150 millones al año)

Nueva York
Más pasajeros en EE.UU. (1.600 millones al año); más estaciones (468)

B444

En un autobús escolar caben muchos niños. El metro transporta millones de personas bajo la tierra.

金鐘 ← 中環
Admiralty   Central

← 柴灣方向 ③
Trains towards Chai Wan

Los veleros se mueven como si fueran cometas, impulsados por el viento que da contra las velas.

Y otros por la gente

bote de remos

inflable

tabla de surf

kayak

canoa

Otros botes son impulsados por motores.

Windsurf es navegar sobre una tabla con una vela.

Hay grandes barcos que transportan carga por agua. Sus viajes a veces duran varias semanas.

Buque portacontenedores

Los remolcadores
llevan el barco
al puerto, donde
se bajará la carga.

Remolcador

23

Biplano

El primer

Al inicio, los pilotos iban solos en los aviones.

Ahora, en la mayoría de los aviones viajan 200 personas.

Cosas voladoras

helicóptero

semilla

El más grande lleva más de 500 personas.

Avión de fuselaje ancho

cometa murciélago pájaro avión

¡Auxilio! ¡Llamen al 911!
Se necesita ayuda.

**Camión de
bomberos**

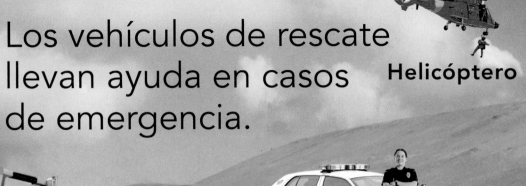

Los vehículos de rescate llevan ayuda en casos de emergencia.

Helicóptero

Patrulla

Ambulancia

PALABRA NUEVA

rescate
El camión de bomberos fue al **rescate** de un gato que quedó atrapado en un árbol.

DILA EN VOZ ALTA

Los astronautas vuelan al espacio en naves impulsadas por cohetes. Ellos exploran el espacio exterior.

NEIL ARMSTRONG

Neil Armstrong fue la primera persona en llegar a la Luna. Antes de ser astronauta, estudió mucho y trabajó en la marina. Siempre le gustaron mucho las ciencias.

¡TÚ SÍ PUEDES!

Los cohetes viajan a más de 17.000 millas por hora.

¿Adónde irá la gente en el futuro? ¿Cómo llegará allá?

Glosario

acarrear
Llevar una carga de un lugar a otro.

ambulancia
Camión con equipos para ayudar a personas enfermas o heridas.

astronauta
Persona que viaja al espacio.

biplano
Avión con dos pares de alas: dos arriba y dos abajo.

campeonato
Competencia en la que se decide qué equipo o jugador es el mejor de todos.

carbón
Roca negra que se quema como combustible.

carga
Productos que son transportados de un lugar a otro.

electricidad
Tipo de energía que viaja por cables.

emergencia
Peligro imprevisto o accidente que afecta a una o más personas.

energía
La fuerza necesaria para mover o hacer algo.

gafas protectoras
Gafas especiales que cubren los ojos completamente para protegerlos.

gasolina
Combustible que se usa en muchos medios de transporte.

imán
Pedazo de metal
que atrae a los otros
objetos metálicos.

inventar
Imaginar, crear o
fabricar algo nuevo,
que no existía antes.

metro
Tren eléctrico que se
mueve bajo tierra de
un lugar a otro de la
ciudad.

motocross
Carrera de motos en
un terreno irregular.

motor
Máquina que hace
que algo se mueva.

puerto
Lugar al que llegan
los barcos para
recoger o entregar
su carga.

rescate
Acto de salvar
a alguien de
un peligro.

surf
Deporte que consiste
en navegar sobre la
cresta de las olas en
una tabla.

transporte
Sistema para
trasladar personas
o cosas de un lugar
a otro.

Índice

A
acarrear 13
ambulancia 27
Armstrong, Neil 28
astronauta 28
auto 5, 8–11
auto de carrera 10–11
auto de carrera de pique 11
auto de carrera Indy 11
auto de rally 11
auto stock 11
autobús escolar 19
avión 5, 24–25
avión de fuselaje ancho 25

B
barco 5, 22–23
bicicleta 6–7
biplano 24
bote 20–21
bote de motor 21
bote inflable 20
buque portacontenedores 22–23

C
caballo 12
camión 12–13
camión de bomberos 26–27
campeonato 15
canoa 20
carbón 16
carga 22, 23
casco 6, 7

cohete 28, 29
cometa 20, 25

D E
electricidad 16–17
emergencia 27
energía 16

F
freno 7

G
gafas protectoras 9
gasolina 16

H
helicóptero 24, 27

I
imán 16

J K
kayak 20

L
Luna 28

M
manubrio 7, 15
metro 18–19
motocicleta 14–15
motocross 15
motor 13, 14, 15, 21
murciélago 25

N Ñ O
nave espacial 28, 29

P Q
pájaro 25
patrulla 27
pedal 7, 14, 15
puerto 23

R
remolcador 23

S
semilla 24
Stewart, Bubba 15
surf 21

T U
tabla de surf 20
transporte público 18–19
tren 16–17
tren de alta velocidad 16
tren de vapor 16–17
tren eléctrico 16–17

V W X Y Z
vagón 12
vehículo de rescate 26–27
velero 20

Créditos